Impressum
Verlag: BABADADA GmbH, Nedderfeld 112 , 22529 Hamburg
Geschäftsführer / Verlagsleitung: Harald Hof
Druck: Books on Demand GmbH, In de Tarpen 42, 22848 Norderstedt

Imprint
Publisher: BABADADA GmbH, Nedderfeld 112 , 22529 Hamburg, Germany
Managing Director / Publishing direction: Harald Hof
Print: Books on Demand GmbH, In de Tarpen 42, 22848 Norderstedt

duɗal

σχολείο

suudu jangirdu
σχολική τάξη
feccude
διαιρώ
186/2
ɓalal binndi
πίνακας
hakkunde ekkol
σχολική αυλή
janginoowo
δάσκαλος
kaayit
χαρτί
windude
γράφω
στυλό
biro
γραφείο
reegal
χάρακας
deftere
βιβλίο
almuudo
μαθητής

kartaabal

σχολική τσάντα

moftirdo kereyonji

κασετίνα/ μολυβοθήκη

kereyo

μολύβι

ceeɓnirgel kereyon

ξύστρα

momtirgel

γόμα

alluwal ciifirgal

μπλοκ ζωγραφικής

ciifgol

ζωγραφική

limsere pentirteeɗo

πινέλο

suwo pentirɗo

κουτί χρωμάτων

sisooji

ψαλίδι

ɗakkorgal

κόλλα

deftere ekkorgal

τετράδιο ασκήσεων

golle janŋde

εργασία για το σπίτι

niimara

αριθμός

ɓeydude

προσθέτω

ustude

αφαιρώ

ɓeydude keeweendi

πολλαπλασιάζω

qimaade

υπολογίζω

ɓataake

γράμμα

karfeeje

αλφάβητο

kongol

λέξη

bindol

κείμενο

jangude

διαβάζω

bindirgal

κιμωλία

darsu

μάθημα

winditaade

εγγράφομαι

egsame

τεστ

sartifika

πιστοποιητικό

comcol duɗal

μαθητική στολή

janŋde

εκπαίδευση

ansikolopedi

εγκυκλοπαίδεια

duɗal jaaɓi haɗtirde

πανεπιστήμιο

mikoroskop

μικροσκόπιο

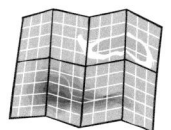

kartal

χάρτης

suwo kurjut

καλάθι αχρήστων

ɗannagol
ταξίδι

otel
ξενοδοχείο
obers
ξενώνας
nokku beccugol e neldugol
ανταλλακτήρια συναλλάγματος
waxannde
βαλίτσα
oto
αυτοκίνητο

ɗemngal

γλώσσα

Eey / ala

ναι / όχι

Moƴƴi

εντάξει

mbaɗɗa

γεια σου

pirtoowo

μεταφραστής

A jaraama

Ευχαριστώ

no foti…?

πόσο κάνει ;

Mi faamaani

Δε καταλαβαίνω

hanmi

πρόβλημα

Jam hiri!

Καλησπέρα!

Jam waali!

Καλημέρα!

Mbaalen e jam!

Καληνύχτα!

ñande woɗnde

Αντίο

laawol

κατεύθυνση

bagaas

αποσκευές

saawdu

τσάντα

saawdu wambateendu

σακίδιο πλάτης

koɗo

καλεσμένος

suudu

δωμάτιο

njegenaaw

υπνόσακος

caalel ladde

σκηνή

kabaruuji tuurist

τουριστικές πληροφορίες

tufnde

παραλία

kartal banke

πιστωτική κάρτα

kacitaari

πρωινό

bottaari

μεσημεριανό

hiraande

δείπνο

biye

εισιτήριο

suutde

ανελκυστήρας

tampon

γραμματόσημο

keerol

σύνορα

duwaan

τελωνείο

ambasad

πρεσβεία

wiisa

βίζα

paaspoor

διαβατήριο

taraspoor
μεταφορά

laala ndiwoowa
αεροπλάνο
batoo
πλοίο
oto pompiyeeji
πυροσβεστικό όχημα
biis
λεωφορείο
kamiyon
φορτηγό
ana motoor
ηχανοκίνητο σκάφος
welo
ποδήλατο
oto
αυτοκίνητο

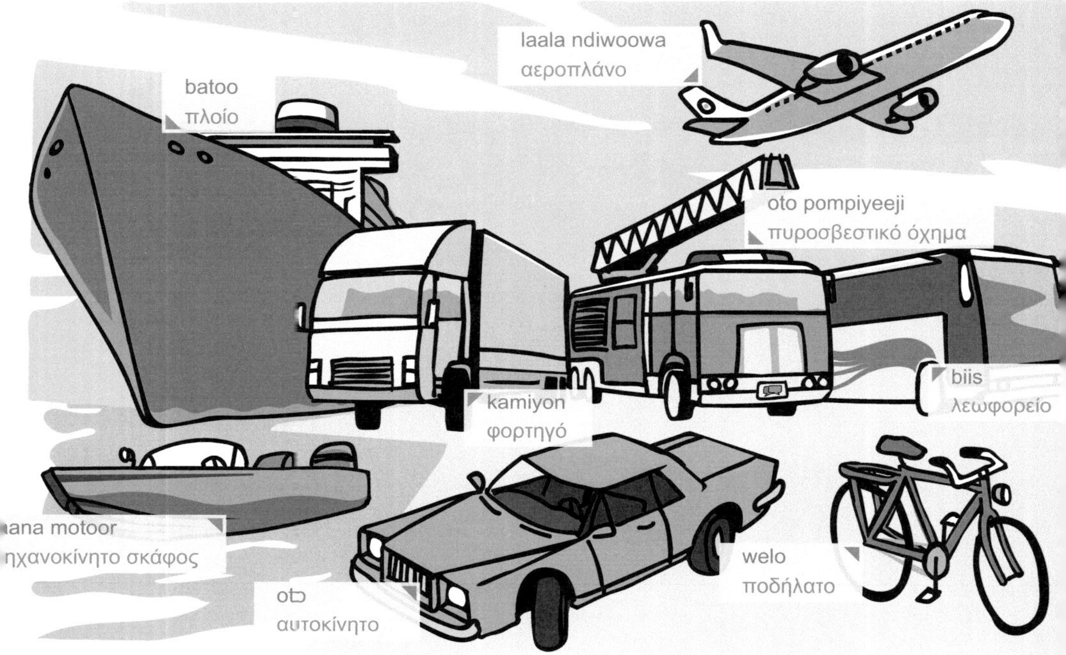

batoo

φεριμπότ

laana

βάρκα

welo

μοτοσικλέτα

oto polis

περιπολικό

oto dogirteeɗo

αγωνιστικό αυτοκίνητο

oto luwateeɗo

ενοικιαζόμενο αυτοκίνητο

dendugol oto

αμοιρασμός αυτοκινήτων

oto dandoowo goɗɗo

γερανός

oto kurjut

απορριμματοφόρο

motoor

κινητήρας

karbiran

καύσιμο

nokku esaans

βενζινάδικο

tintinooje yaangarta

πινακίδα σήμανσης

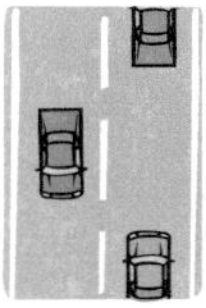

yaa ngarta

κυκλοφορία

jiiɓo yaa ngarta

κυκλοφοριακή συμφόρηση

dingiral otooji

χώρος στάθμευσης

dingiral laana leydi

σιδηροδρομικός σταθμός

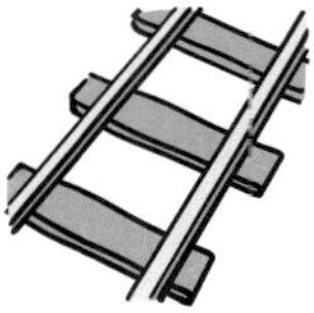

laaɓi

σιδηροδρομικές γραμμές

laana leydi

τρένο

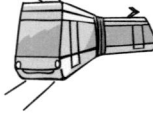

laana ndegoowa

τραμ

saret

βαγόνι

elikopteer

ελικόπτερο

ayrepoor

αεροδρόμιο

tuur

πύργος

wonɓe e laana

επιβάτης

konteneer

εμπορευματοκιβώτιο

karton

χαρτοκιβώτιο

duñirgel kaake

καρότσι

basket

καλάθι

diwde / juuraade

απογειώνομαι /
προσγειόνομαι

wuro mowngu

πόλη

wuro

χωριό

hakkunde wuru wowngo

κέντρο της πόλης

galle

σπίτι

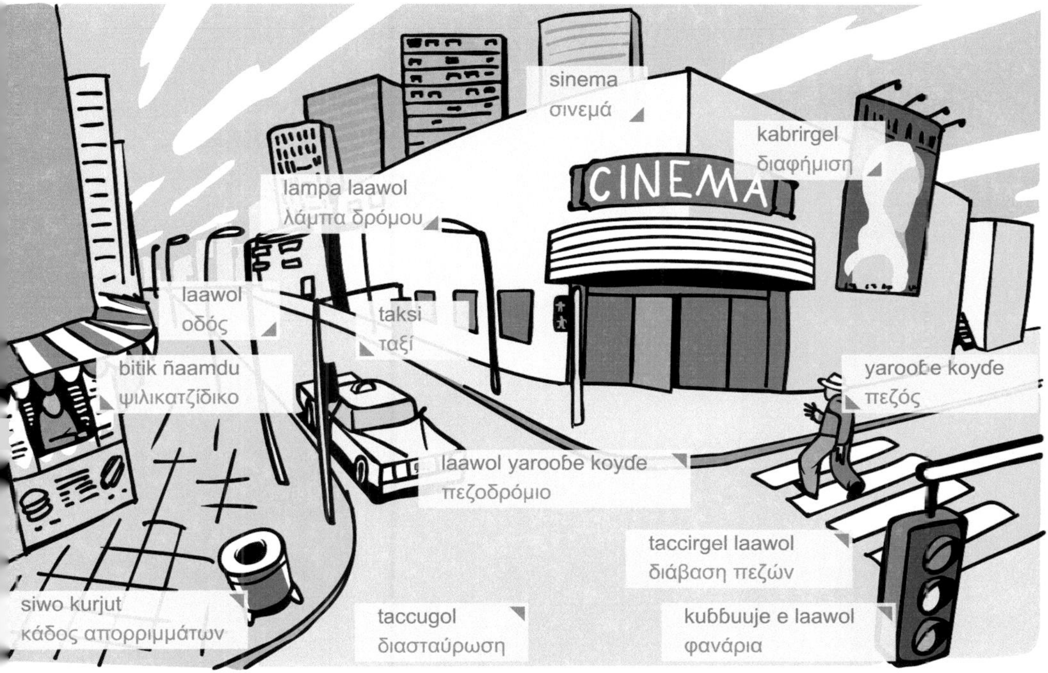

sinema
σινεμά

kabrirgel
διαφήμιση

lampa laawol
λάμπα δρόμου

laawol
οδός

taksi
ταξί

bitik ñaamdu
ψιλικατζίδικο

yarooɓe koyɗe
πεζός

laawol yarooɓe koyɗe
πεζοδρόμιο

taccirgel laawol
διάβαση πεζών

siwo kurjut
κάδος απορριμμάτων

taccugol
διασταύρωση

kuɓɓuuje e laawol
φανάρια

tiba
καλύβα

ko foti
διαμέρισμα

dingiral laana leydi
σιδηροδρομικός σταθμός

meeri
δημαρχείο

miise
μουσείο

duɗal
σχολείο

duɗal jaaɓi haɗtirde

πανεπιστήμιο

banke

τράπεζα

suudu safirdu

νοσοκομείο

otel

ξενοδοχείο

farmasi

φαρμακείο

gollirgal

γραφείο

suudu defte

βιβλιοπωλείο

bitik

κατάστημα

jeyoowo fuloraaji

ανθοπωλείο

sipermarse

σούπερ μάρκετ

jeere

αγορά

madase mawɗo

πολυκατάστημα

jeyoowo liɗɗi

ιχθυοπωλείο

nokku coodateeɗo

εμπορικό κέντρο

poor

λιμάνι

park

πάρκο

jooɗorgal

παγκάκι

taccirgal

γέφυρα

ŋabbirɗe

σκάλες

laawol metero

μετρό

laawul les leydi

τούνελ

fongo biis

στάση λεωφορείου

baar

μπαρ

restora

εστιατόριο

buwaat postaal

γραμματοκιβώτιο

lewñowel laawol

πινακίδα δρόμου

to otooji ndaroto

παρκόμετρο

nokku kullon

ζωολογικός κήπος

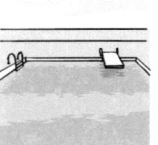

pisin

πισίνα

jama

τζαμί

ngesa
αγρόκτημα

gakkingol hendu
ρύπανση

bammule
νεκροταφείο

egiliis
εκκλησία

dingiral
παιδική χαρά

tampl
ναός

yiyande taariinde
τοπίο

baramlefol
φύλλο

tugayal tintinirgal
πινακίδα κατεύθυνσης

laawol
δρόμος

Huɗo sukkuko
λιβάδι

haayre
πέτρα

ŋayloowo
πεζοπόρος

lekki
δέντρο

maayo
ποτάμι

huɗo
χορτάρι

fuloor
λουλούδι

nokku kaañe mawɗe to
ndiyam dogata

κοιλάδα

waande

λόφος

weedu

λίμνη

ladde

δάσος

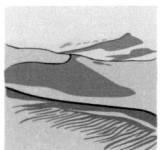

ladde yoornde

έρημος

wolkan

ηφαίστειο

satoo

κάστρο

timtimol

ουράνιο τόξο

sampiñon

μανιτάρι

leki palm

φοίνικας

ɓowngu

κουνούπι

diwde

μύγα

njabala

μυρμήγκι

mbuubu ñaak

μέλισσα

njabala

αράχνη

hoowoyre keppoore

σκαθάρι

faabru

βάτραχος

doomburu ladde

σκίουρος

sammunde

σκαντζόχοιρος

fowru

λαγός

pubbuɓal

κουκουβάγια

colel

πουλί

kakeleewal ladde

κύκνος

mbabba tugal

αγριογούρουνο

lella

ελάφι

Nagge nde galladi cate

άλκη

baraas

φράγμα

masiŋel battowel hendu jeynge

ανεμογεννήτρια

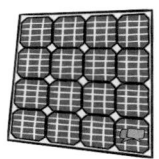

Lowowel nguleeki

ηλιακός συλλέκτης

kilima

κλίμα

restora

εστιατόριο

carwoowo
σερβιτόρος
meni
κατάλογος
joodorgal
καρέκλα
suppu
σούπα
pidsa
πίτσα
geɗe ñaamirteeɗe
μαχαιροπίρουνα
limsere taabal
τραπεζομάντιλο

tongitirgel

ορεκτικό

ñaamdu nguraandi

κύριο πιάτο

tuftorogol

επιδόρπιο

njaram

ποτά

ñaamdu

φαγητό

butel

μπουκάλι

fast fud

φαστ φουντ

ñaamdu laawol

φαγητό στ' όρθιο

baraade

τσαγιέρα

cupayel suukara

δοχείο ζάχαρης

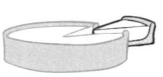

geɗel

μερίδα

Masinŋ kafe

μηχανή εσπρέσο

jooɗorgal toowngal

ψηλή καρέκλα

biye

λογαριασμός

ñorgo

δίσκος

paaka

μαχαίρι

furset

πιρούνι

kuddu

κουτάλι

nokkere kuddu

κουταλάκι του τσαγιού

sarbet

πετσέτα φαγητού

weer

ποτήρι

palaat

πιάτο

palaat suppu

πιάτο σούπας

cupayel

πιατάκι φλιτζανιού

soos

σάλτσα

pot lamɗam

αλατιέρα

moññirgal poobar

μύλος για πιπέρι

bineegara

ξύδι

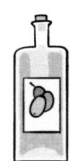

nebam

λάδι

kaaɗnooje

μπαχαρικά

ketsap

κέτσαπ

muttard

μουστάρδα

mayonees

μαγιονέζα

sipermarse

σούπερ μάρκετ

ngustugul coggu
προσφορά
kiliyaan
πελάτης
kosamee̱e
γαλακτοκομικά προϊόντα
ɓikkon leɗɗe
φρούτα
daasirgel
καρότσι για ψώνια

jeyoowo teew nagge

κρεοπωλείο

juɗoowo mburu

φούρνος

ɓetde

ζυγίζω

lijim

λαχανικά

teew

κρέας

ñaamdu ɓumnaandu

κατεψυγμένα τρόφιμα

teew moftaaɗo

αλλαντικά

ñaamdu nder buwat

κονσερβοποιημένη τροφή

condi lawƴirteendu

απορρυπαντικό ρούχων

bonboonji

γλυκά

geɗe ngurdaaɗe

οικιακά είδη

porodiwiiji laaɓnirni

καθαριστικά προϊόντα

julaaajo

πωλήτρια

haa

ταμείο

kestotooɗo

ταμίας

limto coodateeɗi

λίστα για ψώνια

waktuuji golle

ωράριο λειτουργίας

kalbe

πορτοφόλι

kartal banke

πιστωτική κάρτα

saak

τσάντα

saak dalli

πλαστική σακούλα

njaram

ποτά

ndiyam

νερό

njaram

χυμός

kosam

γάλα

ƴulmere

κόκα κόλα

sangara

κρασί

sangara

μπίρα

sangara

αλκοόλ

kakao

κακάο

ataaya

τσάι

kafe

καφές

kafe jon jooni

εσπρέσο

kafe italinaaɓe

καπουτσίνο

ñaamdu
φαγητό

banaana

μπανάνα

pom

μήλο

oraas

πορτοκάλι

dende

πεπόνι

limonŋ

λεμόνι

karot

καρότο

laay

σκόρδο

lekki bambu

μπαμπού

basalle

κρεμμύδι

sampiñon

μανιτάρι

gerte

ξηροί καρποί

espageti

νουντλς

espageti

μακαρόνια

maaro

ρύζι

salaat

σαλάτα

firit

πατατάκια

faatat cahaaɗo

τηγανητές πατάτες

pidsa

πίτσα

amburgeer

χάμπουργκερ

sandiwis

σάντουιτς

buhal baddangal e lijim

κοτολέτα

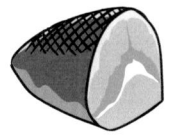

buhal teew

ζαμπόν

kaane biyeteeɗo sosison

σαλάμι

sosis

λουκάνικο

gertogal

κοτόπουλο

defaɗum

ψητό

liingu

ψάρι

ndefu gabbe kuwakeer

χυλός βρώμης

njilɓundi aɓuwaan e gabbe goɗɗe

μούσλι

kornfelek

κορν φλέικς

farin

αλεύρι

kurwasa

κρουασάν

pe o le

ψωμάκι

mburu

ψωμί

mburu juɗaaɗo

τοστ

mbiskit

μπισκότα

nebam boor

βούτυρο

kosam kaaɗɗam

τυρόπηγμα

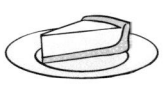

gato

κέικ

ɓoccoonde

αυγό

moccoonde fasnaande

τηγανητό αυγό

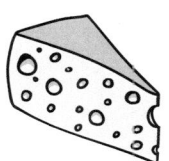

foromaas

τυρί

kerem galaas

παγωτό

suukara

ζάχαρη

njuumri

μέλι

teew nagge

μαρμελάδα

nirkugol sokkola

άλλειμμα σοκολάτας

suppu kaane

κάρυ

ngesa
αγρόκτημα

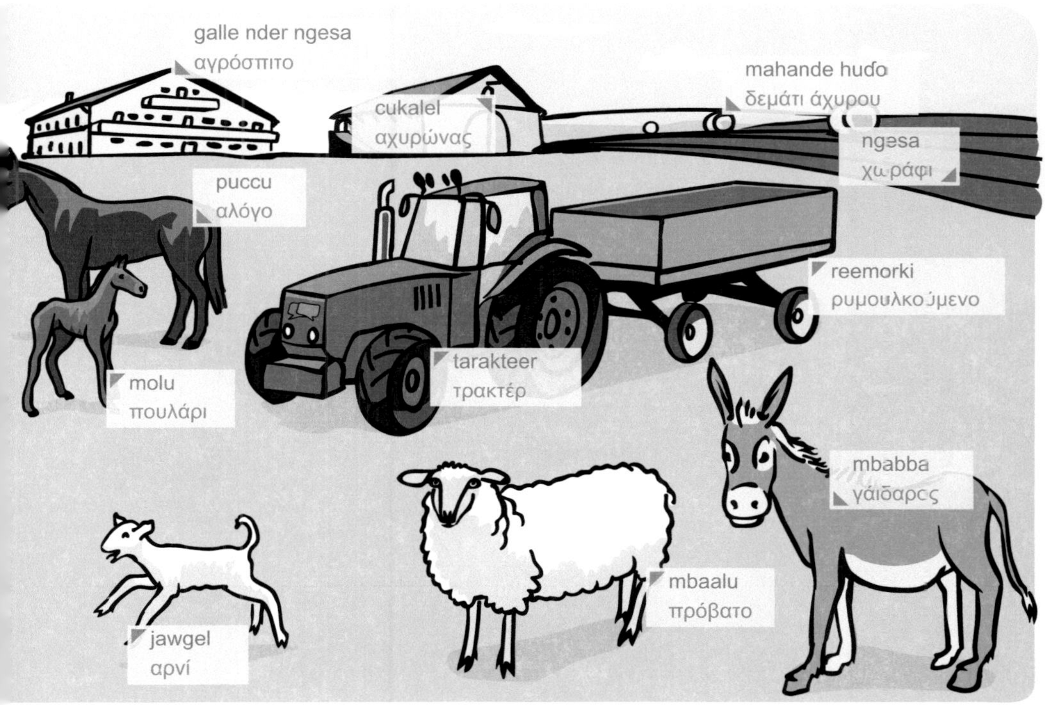

galle nder ngesa
αγρόσπιτο
mahande huɗo
δεμάτι άχυρου
cukalel
αχυρώνας
ngesa
χωράφι
puccu
αλόγο
reemorki
ρυμουλκούμενο
tarakteer
τρακτέρ
molu
πουλάρι
mbabba
γάιδαρος
mbaalu
πρόβατο
jawgel
αρνί

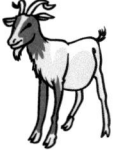

ndamdi

κατσίκα

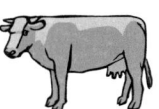

nagge

αγελάδα

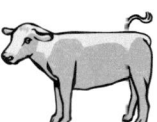

mbeewa

μοσχαράκ

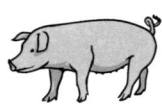

mbabba tugal

γουρούνι

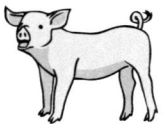

ɓingel mbabba tugal

γουρουνάκι

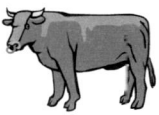

ngaari ladde

ταύρος

jarlal ladde

χήνα

gerlal

πάπια

cofel

κοτοπουλάκι

jarlal

κότα

ngori

κόκορας

doomburu

αρουραίος

ullundu

γάτα

doomburu

ποντίκι

nagge

βόδι

rawaandu

σκύλος

nokku dawaaɗi

σπιτάκι σκύλου

tiwo sardin

λάστιχο κήπου

doosirgal

ποτιστήρι

wofdu mawndu

θεριστήρι

masinŋ demoowo

αλέτρι

ngesa - αγρόκτημα

wofdu

δρεπάνι

coppirgal

τσάπα

rato

δίκρανο

hakkunde

τσεκούρι

buruwet

χειράμαξα

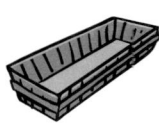

mbalka

ταΐστρα

kosam buwat

δοχείο γάλακτος

saak

σάκος

kalasal galle

φράχτης

nokku pucci

στάβλος

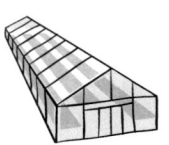

inexistant

θερμοκήπιο

leydi

έδαφος

abbere

σπόρος

nguurtinooje leydi

λίπασμα

masinŋ coñirteeɗo

θεριζοαλωνιστική ɹηχανή

soñde

θερίζω

soñde

συγκομιδή

ñambi

γιαμς

bele

σιτάρι

soja

σόγια

faatat

πατάτα

maka

καλαμπόκι

abbere lekki kolsa

κράμβη

lekki firwiiji

οπωροφόρο δέντρο

ñambi

μανιόκα

sereyaal

δημητριακά

ngesa - αγρόκτημα

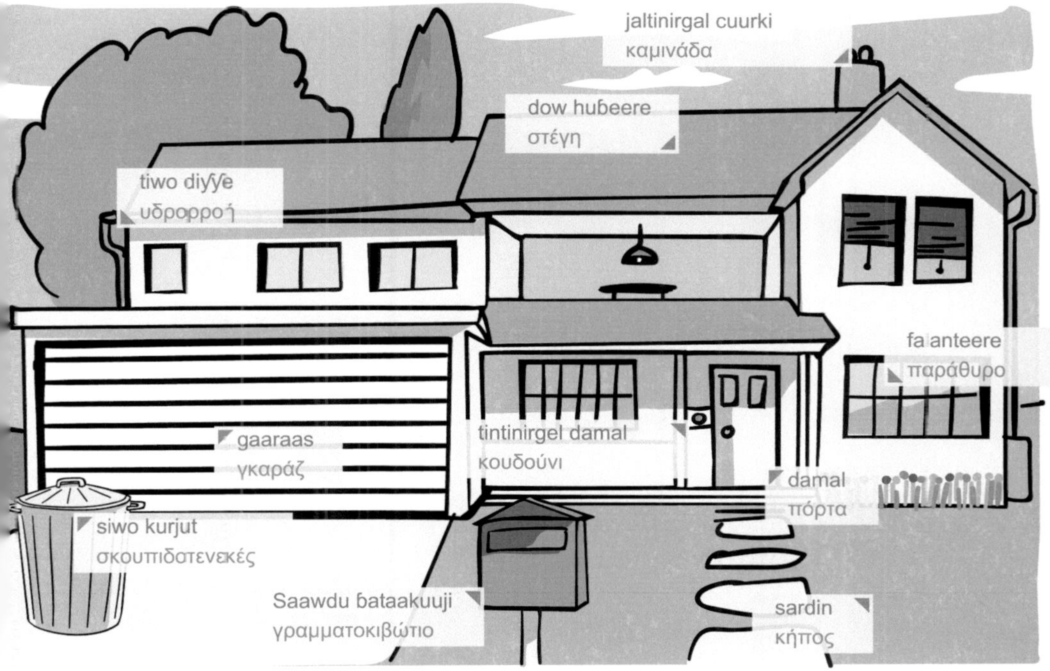

jaltinirgal cuurki
καμινάδα
dow huɓeere
στέγη
tiwo diyʃʃe
υδρορροή
faanteere
παράθυρο
gaaraas
γκαράζ
tintinirgel damal
κουδούνι
damal
πόρτα
siwo kurjut
σκουπιδοτενεκές
Saawdu ɓataakuuji
γραμματοκιβώτιο
sardin
κήπος

suudu yeewtere
σαλόνι

tarodde
μπάνιο

waañ
κουζίνα

suudu waalduru
υπνοδωμάτιο

suudu sakaaɓe
παιδικό δωμάτιο

suudu hiraande
τραπεζαρία

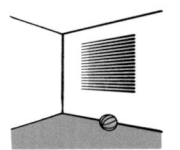

karawal

πάτωμα

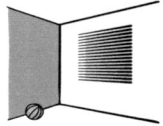

ɓalal

τοίχος

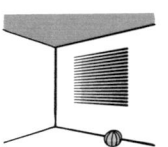

asamaan suudu

οροφή

faawru

κελάρι

soona e ɗemngal farase

σάουνα

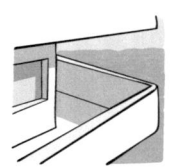

balko

μπαλκόνι

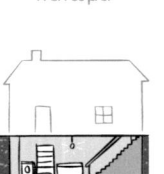

teeraas

βεράντα

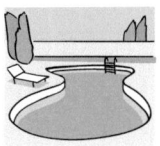

pisin

πισίνα

keefoowo huɗo

μηχανή του γκαζόν

darap

σεντόνι

darap

κάλυμμα κρεβατιού

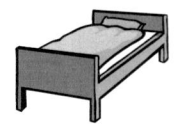

leeso

κρεβάτι

pittirgal

σκούπα

suwo

κουβάς

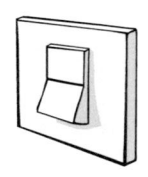

ñifirgel

διακόπτης

suudu yeewtere

σαλόνι

nataal
ταπετσαρία
nataal
φωτογραφία
lampa
λάμπα
etaseer
ράφι
bahe
ντουλάπι
tele
τηλεόραση
jaltinirgel cuɹrki
τζάκι
fuloor
λουλούδι
njegenaaw
μαξιλάρι
fotooy
καναπές
ciwirgal njaram
βάζο
deengol ko woɗɗi
τηλεκοντρόλ

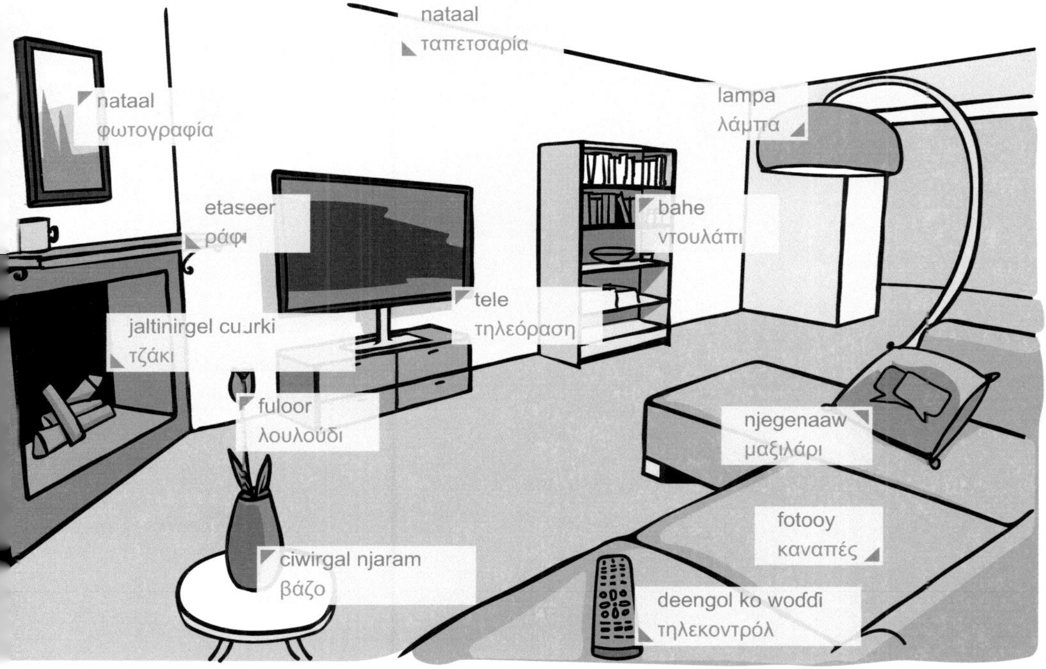

tappi

χαλί

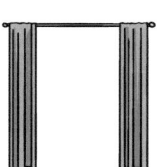

rido

κουρτίνα

taabal

τραπέζι

jooɗorgal

καρέκλα

jooɗorgal timmungal

κουνιστή πολυθρόνα

jooɗorgal tuggateengal

πολυθρόνα

deftere

βιβλίο

cuddirgal

κουβέρτα

jooɗnugol

διακόσμηση

leɗɗe kuɓɓateeɗe

καυσόξυλα

filmo

ταινία

materiyel hi-fi

στερεοφωνικό σύστημα

coktirgal

κλειδί

kaayit kabaruuji

εφημερίδα

pentirgol

πίνακας ζωγραφικής

posteer

αφίσα

rajo

ραδιόφωνο

teskorgel

σημειωματάριο

ɓoɗowel pusiyeer

ηλεκτρική σκούπα

kaktis

κάκτος

sondel

κερί

waañ
κουζίνα

ɓuuɓnirgal
ψυγείο
fuur kuura
φούρνος μικροκυμάτων
peesirgal waañ
ζυγαριά κουζίνας
cahirteengel
τοστιέρα
laawƴirgel
απορρυπαντικό
fuur
φούρνος
konselateer
κατάψυξη
siwo kurjut
σκουπιδοτενεκές
lawƴirgel kaake
πλυντήριο πιάτων

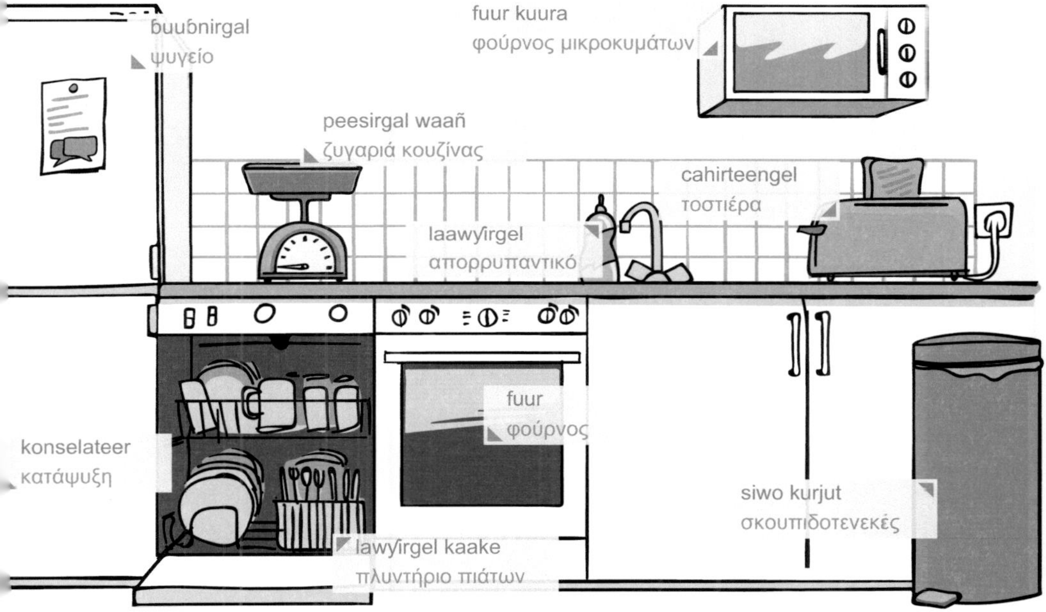

fuurno

κουζίνα

pot

κατσαρόλα

barme

μαντεμένια κατσαρόλα

kasorol

γουόκ/καντάι

kasorol

τηγάνι

satalla

βραστήρας

suppere defirteende

ατμομάγειρας

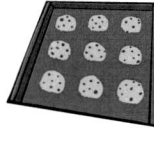

pool defirteeɗo

ταψί

lawyugol kaake

πιατικά

pot jarduɗo

κούπα

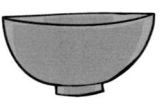

suppeere

μπολ

ñiɓirgon ñaamdu

ξυλάκια

kuddu luus

κουτάλα

kayit ɗakirteeɗo

σπάτουλα

iirtude

ανακατεύω

ceɗirgel

σουρωτήρι

tame

σουρωτηράκι

keefirgel

τρίφτης

moññirgal

γουδί

juɗgol

ψησταριά

jeyngol e henndu

ανοιχτή φωτιά

coppirgal

σανίδα κοπής

degnirgel ñaamdu feewnateendu

πλάστης

udditirgel butel

ανοιχτήρι φελλών

buwaat

κονσέρβα

udditirgel buwat

ανοιχτήρι κονσέρβας

nangirgel pot

γάντι φούρνου

siimtude

νεροχύτης

boros

βούρτσα

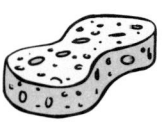

eppoos

σφουγγάρι

jiibirgel

μπλέντερ

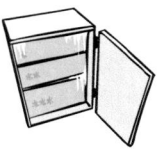

battowel galaas

καταψύκτης

jardugel tiggu

μπιμπερό

robine

βρύση

tarodde
μπάνιο

gulnirgel suudo
θέρμανση
momtirgel
πετσέτα
lootogol
ντους
birnirgel lootorgal
κουρτίνα ντουζ
lootogol e ngufu
αφρόλουτρο
ngaska buftorteengo
μπανιέρα
weer
ποτήρι
masinŋ ootnoowo
πλυντήριο ρούχων
robine
βρύση
kette senge
πλακάκια
potsamburu
γιογιό
siimtude
νεροχύτης

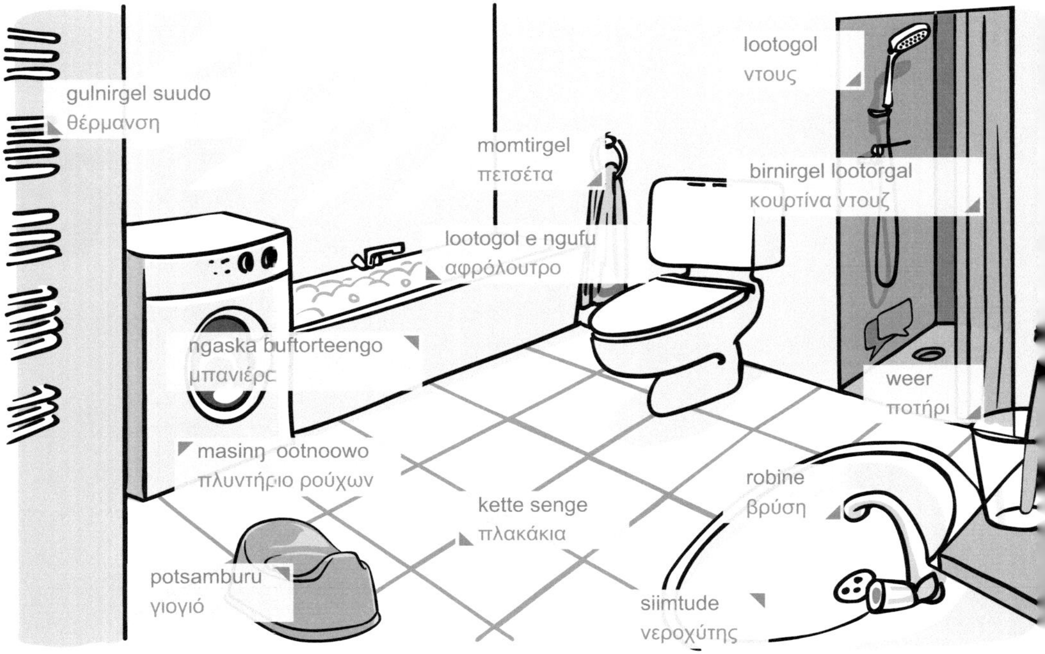

taarorde
τουαλέτα

joɗorgal kuwirteengal
τούρκικη τουαλέτα

biisirgel ndiyam
μπιντές

taarodde
ουρητήριο

kaayit momtirɗo
χαρτί υγείας

boros taarorde
πιγκάλ

coccorgal ƴiiye

οδοντόβουρτσα

sabunde ƴiiye

οδοντόκρεμα

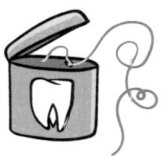

gaarowol ñiire

οδοντικό νήμα

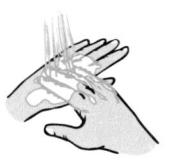

lawƴude

πλένω

ɓoggol lootirteengol

τηλέφωνο ντους

ɓuftogol

ντουσιέρα

loowirteengel

λεκάνη

demirgel huɗo

βούρτσα πλάτης

sabunnde

σαπούνι

saabunde ɓuftorteende

αφρόλουτρο

sampoye

σαμπουάν

limsere wiro

φανέλα

ciiygol

σιφόνι

kerem

κρέμα

uurnirgel

αποσμητικό

daandorgal

καθρέφτης

daandorgal pamoral

καθρέφτης χειρός

pembirgel

ξυραφάκι

ngufu pembol

αφρός ξυρίσματος

moomiteengel pembol

αφτερσέιβ

yeesoode

χτένα

boros

βούρτσα

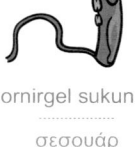

joornirgel sukunndu

σεσουάρ

peewnirgel sukunndu

λακ

makiyaas

μακιγιάζ

jooɗirgel toni

κραγιόν

momtirgel cegeneeji

βερνίκι νυχιών

garowol wiro

βαμβάκι

siso cegeneeji

ψαλίδι νυχιών

parfon

άρωμα

waxande lootorgal

νεσεσέρ

kuudi

σκαμπό

peesirgal

ζυγαριά

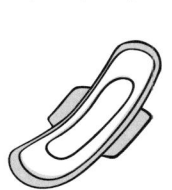

wutte cuftorteeɗo

μπουρνούζι

gaŋuuji dalli

ελαστικά γάντια

momtirer ƴiiƴam ella

ταμπόν

kuus tiggu

πετσέτα υγιεινής

lootogol simik

χημική τουαλέτα

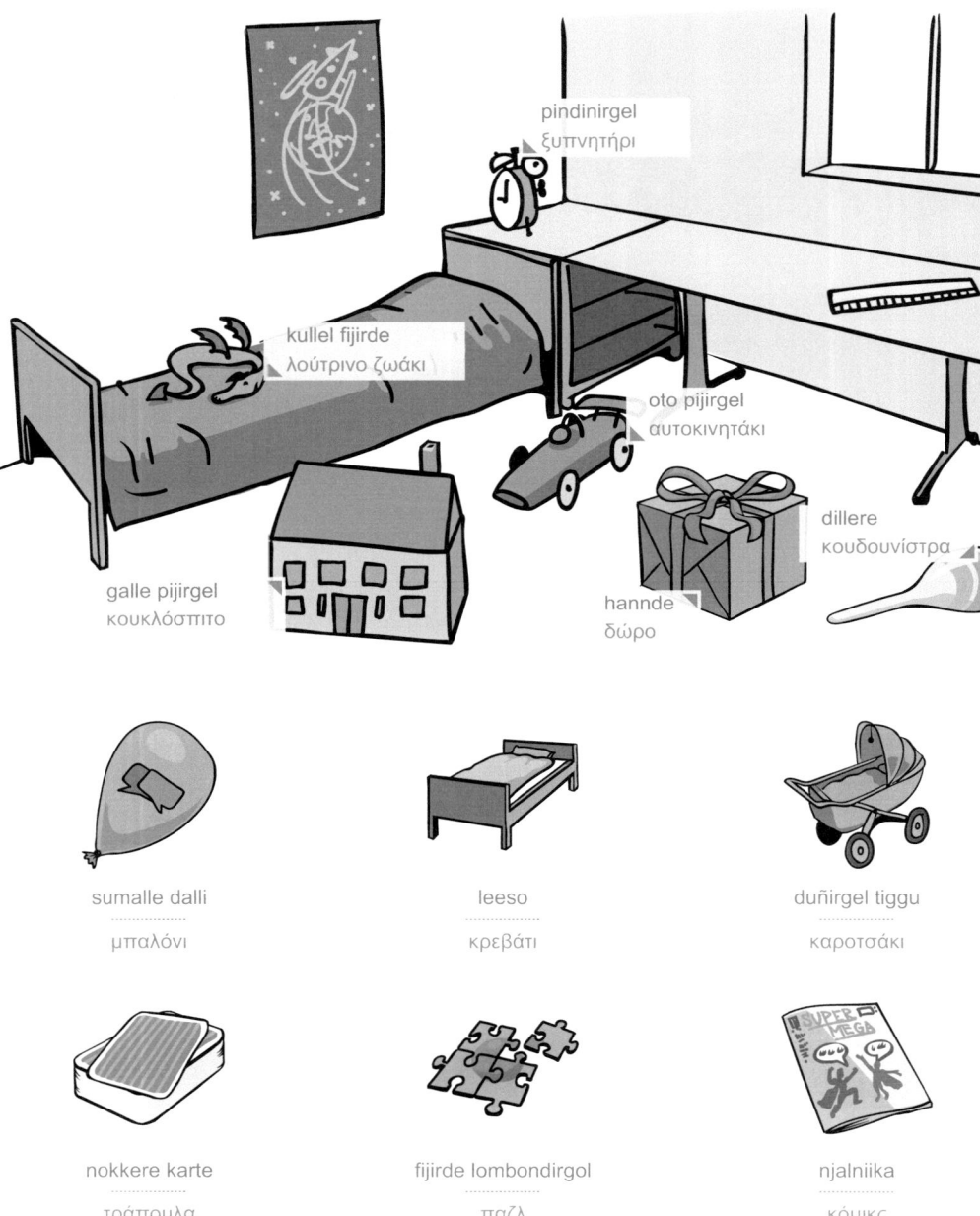

suudu sakaaɓe

παιδικό δωμάτιο

pindinirgel
ξυπνητήρι
kullel fijirde
λούτρινο ζωάκι
oto pijirgel
αυτοκινητάκι
dillere
κουδουνίστρα
galle pijirgel
κουκλόσπιτο
hannde
δώρο

sumalle dalli

μπαλόνι

leeso

κρεβάτι

duñirgel tiggu

καροτσάκι

nokkere karte

τράπουλα

fijirde lombondirgol

παζλ

njalniika

κόμικς

pijirgel tuufeeje

τουβλάκια lego

tuufeeje

τουβλάκια κατασκευών

pijirgel

φιγούρα δράσης

comcol tiggu

βρεφικό φορμάκι

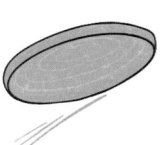

palaat diwwoow

φρίσμπι

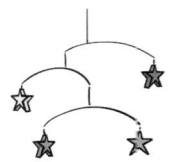

noddirgel

μόμπιλο

pijirgel

επιτραπέζιο παιχνίδι

dee

ζάρια

ñemtinirgel laana nɟegoowa

σετ τρενάκι

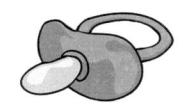

neɗɗo fuuunti

πιπίλα

fijirde

πάρτι

deftere natə

εικονογραφημένο βιβλίο

bal

μπάλα

puppe

κούκλα

fijde

παίζω

mbalka ceenal

σκάμμα με άμμο

beeltirgal

κούνια

pijirgel

παιχνίδια

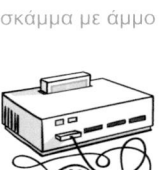

pijiteengel see widewo

κονσόλα βιντεοπαιχνιδιών

welo biifi tati

τρίκυκλο

pijirgel kullel urs

αρκουδάκι

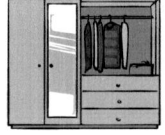

armuwaar

ντουλάπα

comcol

ρούχα

kawase

κάλτσες

kawase

καλτσοδέτες

tuubayon ɓittukon

καλσόν

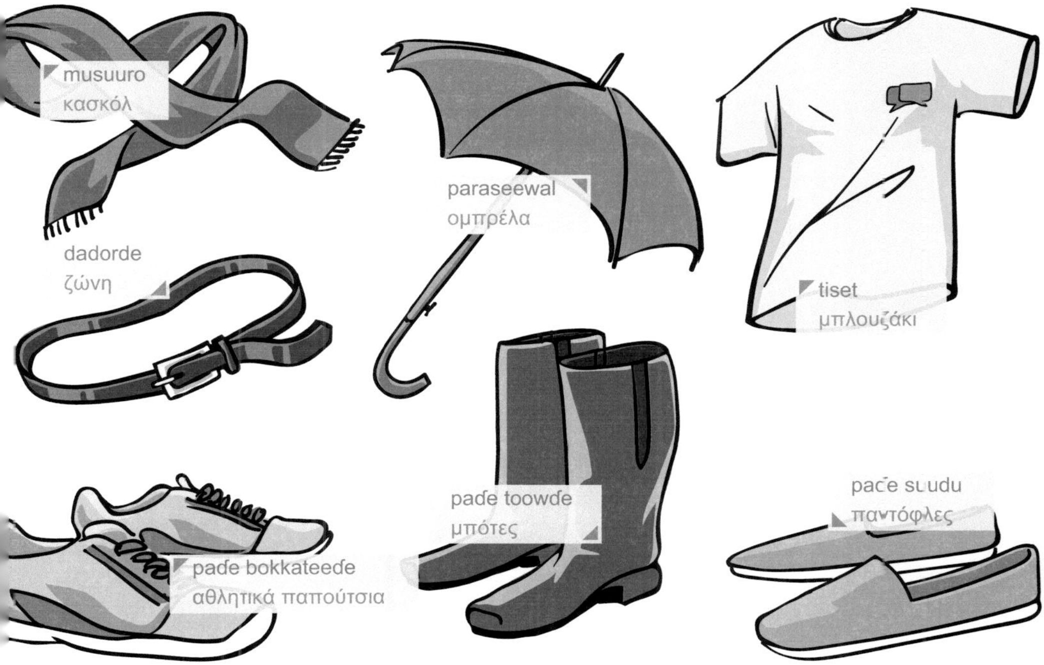

musuuro
κασκόλ
paraseewal
ομπρέλα
dadorde
ζώνη
tiset
μπλουζάκι
paɗe toowɗe
μπότες
paɗe suudu
παντόφλες
paɗe bokkateeɗe
αθλητικά παπούτσια

paɗe diwa

σανδάλια

paɗe

παπούτσια

paɗɗe toowɗe lirotooɗe

γαλότσες

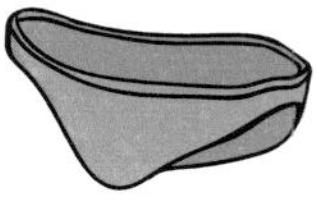

cakkirɗi

εσώρουχο

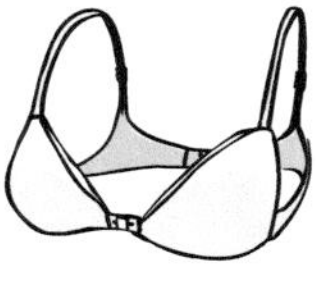

sucengors

σουτιέν

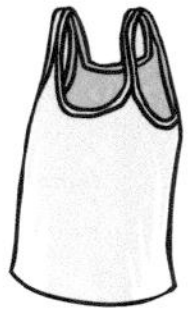

silet

φανέλα

ɓanndu

σώμα

tuuba

παντελόνι

jiin

τζιν παντελόνι

robbo

φούστα

buluson

μπλούζα

simis

πουκάμισο

piliweer

πουλόβερ

weste nebbu

πουλόβερ

layset

σακάκι

jaget

μπουφάν

weste juuɗɗo

παλτό

wutte toɓo

αδιάβροχο πανωφόρι

kostim

κοστούμι

robbo

φόρεμα

robbo yange

νυφικό

weste
κοστούμι

wutte baalduɗo
νυχτικό

pijama
πιτζάμες

sari
σάρι

muusooro
μαντήλι

kaala
τουρμπάνι

kaala
μπούρκα

sabndoor
καφτάνι

abbaay
μουσουλμανικό ένδυμα

comcol lumbirogol
ολόσωμο μαγιό

cakkirɗi
ανδρικό μαγιό

kilot
σορτς

joogin
αθλητική φόρμα

limsere deffowo
ποδιά

gaŋuuji
γάντια

ɓoɗɗirgel

κουμπί

lone

γυαλιά

jawo

βραχιόλι

cakka

περιδέραιο

feggere

δαχτυλίδι

hootonde

σκουλαρίκι

laafa

καπέλο

liggirgal weste

κρεμάστρα

laafa

καπέλο

karawat

γραβάτα

zip

φερμουάρ

laafa ndeenka

κράνος

ganŋ

τιράντες

comcol duɗal

μαθητική στολή

iniform

στολή

sarbetel daande

σαλιάρα

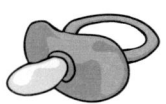

neɗɗo fuuunti

πιπίλα

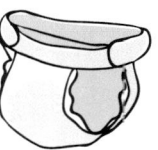

kuus

πάνα

gollirgal
γραφείο

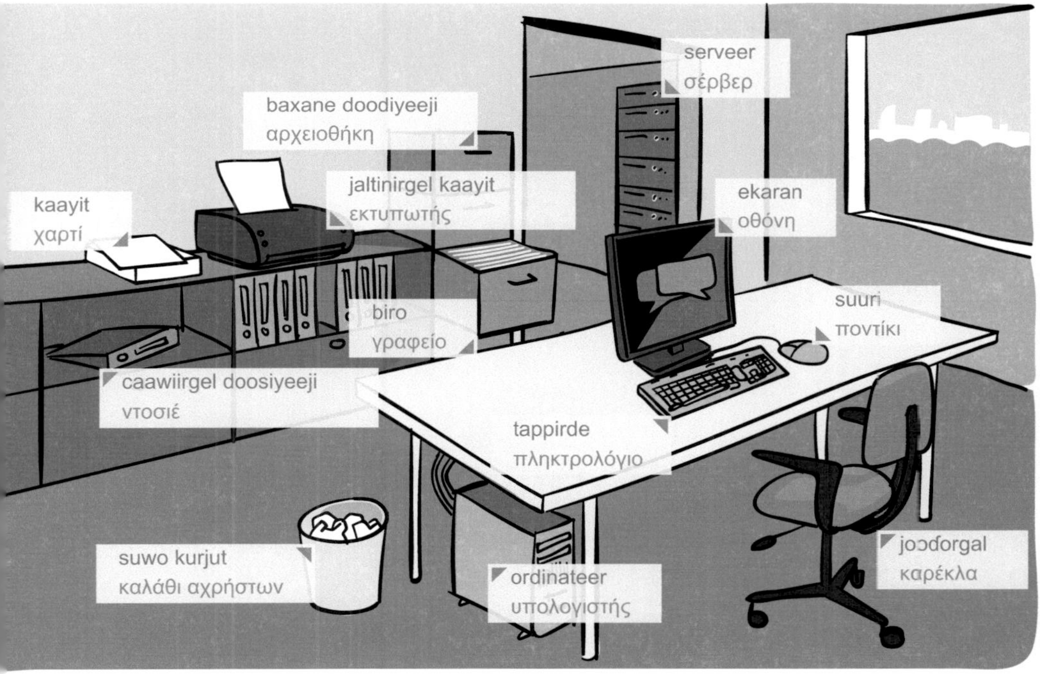

serveer
σέρβερ

baxane doodiyeeji
αρχειοθήκη

jaltinirgel kaayit
εκτυπωτής

kaayit
χαρτί

ekaran
οθόνη

biro
γραφείο

suuri
ποντίκι

caawiirgel doosiyeeji
ντοσιέ

tappirde
πληκτρολόγιο

suwo kurjut
καλάθι αχρήστων

ordinateer
υπολογιστής

joɔɗorgal
καρέκλα

kuppu kafe

κούπα του καφέ

qiimorgal

κομπιουτεράκι

enternet

ίντερνετ

ordinateer beelnateeɗo

λάπτοπ

ɓataake

γράμμα

ɓataake

μήνυμα

noddirgel

κινητό

reso

δίκτυο

cottitirgel

φωτοτυπικό μηχάνημα

losisiyel

λογισμικό

noddirgel

τηλέφωνο

ceŋirgel ɓoggol kuura

πρίζα

masinŋ faks

συσκευή φαξ

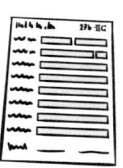

mbaadi

έντυπο

dokiman

έγγραφο

soodde

αγοράζω

sooɗde

πληρώνω

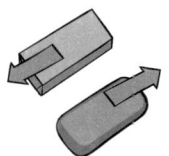

yeyde

συναλλάσσομαι

kaalis

χρήματα

USD

dolaar

δολάριο

EUR

eroo

ευρώ

JPY

yen

γιεν

RUB

ruubal

ρούβλι

CHF

faran Siwis

ελβετικό φράγκο

CNY

yuwaan renminbi

ρενμίνμπι γιουάν

INR

rupii

ρουπία

masinŋ keestorɗo kaalis

ATM (αυτόματη ταμειακή μηχανή)

nokku beccugol e neldugol

ανταλλακτήρια συναλλάγματος

kanŋe

χρυσός

kaalis

ασήμι

esaans

πετρέλαιο

sembe

ενέργεια

coggu

τιμή

kontara

συμβόλαιο

taks

φόρος

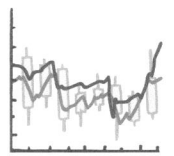

marsandiss moftaaɗo

μετοχή

gollude

δουλεύω

gollinteeɗo

υπάλληλος

gollinoowo

εργοδότης

isin

εργοστάσιο

bitik

κατάστημα

haajuuji
επαγγέλματα

ñifooɓe jeyle
πυροσβέστης
dadiiɗo
αστυνόμος
defoowo
μάγειρας
cafroowo
γιατρός
pilot
πιλότος

toppitiiɗo sardin

κηπουρός

minise

ξυλουργός

ñootoowo

μοδίστρα

ñaawoowo

δικαστής

simist e ɗemngal farayse

χημικός

aktoor

ηθοποιός

dognoowo biis

οδηγός λεωφορείου

dognoowo taksi

ταξιτζής

gawoowo

ψαράς

pittoowo

καθαρίστρια

cengirɗe huɓeere

τεχνίτης στεγών

carwoowo

σερβιτόρος

daddoowo

κυνηγός

pentiroowo

ζωγράφος

piyoowo mburu

αρτοποιός

gollowo kuura

ηλεκτρολόγος

mahoowo

οικοδόμος

enseñeer

μηχανολόγος

jeyoowo teew keso

κρεοπώλης

polombiyer

υδραυλικός

nawoowo ɓatakuuji

ταχυδρόμος

kooninke

στρατιώτης

diidoowo ɓahanteeri

αρχιτέκτονας

kestotooɗe

ταμίας

jeyoowo fuloraaji

ανθοπώλης

mooroowo

κομμωτής

dognoowo

ελεγκτής εισιτηρίων

mekanisiyenŋ

μηχανικός

kapiteen

καπετάνιος

cafroowo ƴiiƴe

οδοντίατρος

miijotooɗo

επιστήμονας

kellifaaɗo diine to israayel

ραβίνος

imaam

ιμάμης

muwaan e e ɗemngal farayse

μοναχός

kellifaaɗo diine heerereeɓe

ιερέας

kuutorɗe
εργαλεία

ñoyƴirgel
πένσα
marto
σφυρί
biisrgel
κατσαβίδι
bawɗi biyetee
φακός
kele
Γαλλικό κλειδί

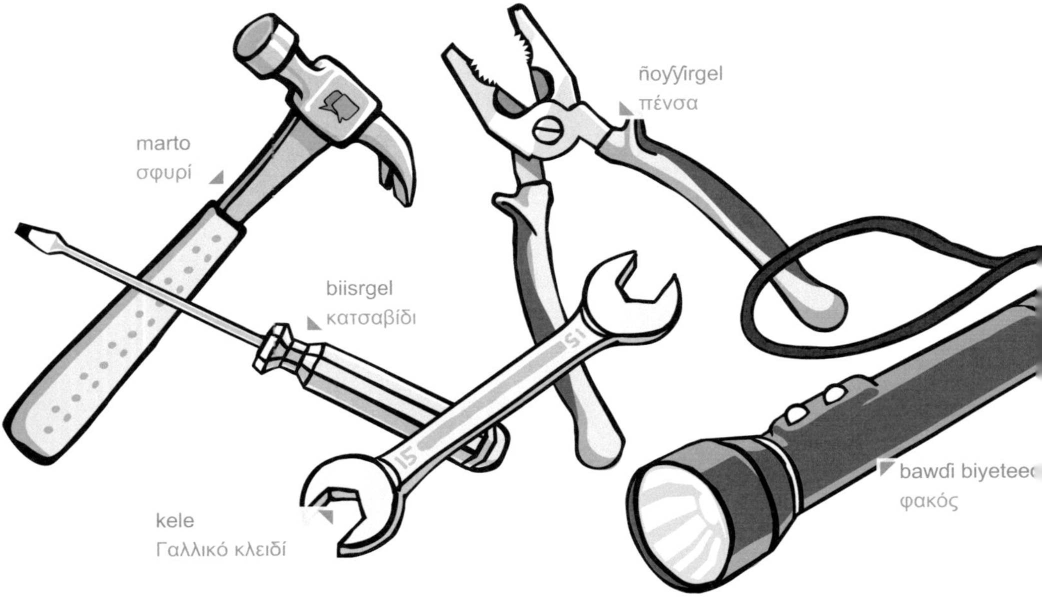

pikku

εκσκαφέας

baxanel kaɓorɗe

εργαλειοθήκη

ŋabbirgal

σκάλα

taƴirgal

πριόνι

ƴibirɗe

καρφιά

julirgal

τρυπάνι

fewnitde

επισκευάζω

nokkirgel

φτυάρι

Soo!

Να πάρει!

ɓoftirgel kurjut

φαράσι

pot penttiir

δοχείο χρωμάτων

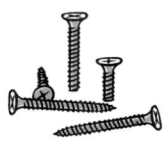

wiisuuji

βίδες

kongirgon misik

μουσικά όργανα

kongateeɗe

ντραμς

nantinooji

μεγάφωνο

duubl baas

κοντραμπάσο

liital

τρομπέτα

hoddu

κιθάρα

piayaano

πιάνο

wiyolon

βιολί

baas

μπάσο

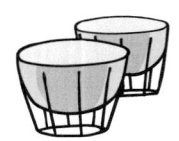

bowɗi biyeteeɗi timpani

τύμπανα

bawɗi

τύμπανο

tappirgal

πλήκτρα

saksofoon

σαξόφωνο

nguurdu

φλάουτο

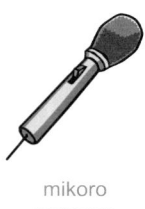

mikoro

μικρόφωνο

nokku kullon
ζωολογικός κήπος

cewngu jaawlal
τίγρης
naatirgal
είσοδος
suudu kullal
κλουβί
puccu ladde
ζέβρα
ñamdu jawdi
ζωοτροφή
panda
πάντα

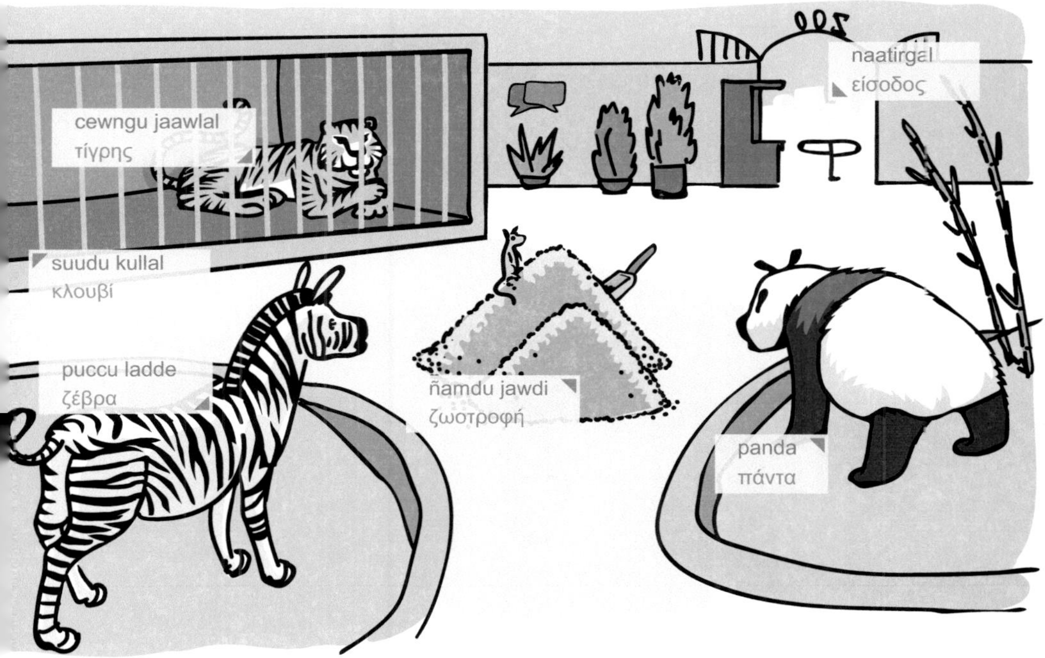

kulle

ζώα

ñiiwa

ελέφαντας

kanguru

καγκουρό

rinoseros

ρινόκερος

waandu mowndu

γορίλας

urs

αρκούδα

ngelooba

καμήλα

sundu ɓurndu mownude

στρουθοκάμηλος

mbaroodi

λιοντάρι

waandu

πίθηκος

ñaaral pural

φλαμίνγκο

seku

παπαγάλος

urso galaas

πολική αρκούδα

liingu wiyeteendu penguwe

πιγκουίνος

lingu reke

καρχαρίας

ndiwri wiyeteendu pawon

παγώνι

laadoori

φίδι

nooro

κροκόδειλος

deenoowo zoo

φύλακας ζωολογικού κήπου

togoori ndiyam wiyeteendu fok e farayse

φώκια

cewngu

τζάγκουαρ

molu

πόνυ

cewngu

λεοπάρδαλη

ngabu

ιπποπόταμος

njabala

καμηλοπάρδαλη

ciilal

αετός

mbabba tugal

αγριογούρουνο

liingu

ψάρι

heende

χελώνα

kullal biyeteengal morse

θαλάσσιος ίππος

renaar

αλεπού

lella

γαζέλα

coftal balli
αθλήματα

Fuggukoyngel Amerknaaɓe
Αμερικάνικο ποδόσφαιρο
dognugol welo
ποδηλασία
tenis
αντισφαίριση
beysbol
μπάσκετ
lumbagol
κολύμβηση
fuggukoyngel e galaas
χόκεϋ επί πάγου
boks
πυγχαμία

Fuggukoyngel

ποδόσφαιρο

badminton

μπάντμιντον

atelettuuji

στίβος

hanbol

χάντμπολ

fijirɗe deggol e nees

σκι

polo

πόλο

golle

δραστηριότητες

diwde
πηδάω
ɓuucaade
αγκαλιάζω
jalde
γελάω
yaade
περπατάω
yimde
τραγουδάω
hoyɗitaade
ονειρεύομαι
juulde
προσεύχομαι
ɓuucaade
φιλάω

windude

γράφω

siifde

σχεδιάζω

hollude

δείχνω

duñde

πιέζω

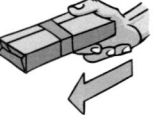

rokkude

δίνω

ƴettude

παίρνω

deñde

έχω

waɗde

κάνω

wonde

είμαι

ummaade

στέκομαι

dogde

τρέχω

fooɗde

τραβάω

weddaade

ρίχνω

yande

πέφτω

fende

ξαπλώνω

sabbaade

περιμένω

roondaade

κουβαλώ

jooɗaade

κάθομαι

ɓoornaade

φοράω

ɗaanaade

κοιμάμαι

finde

ξυπνάω

ƴeewde

κοιτάω

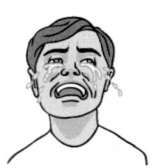

woyde

κλαίω

helde

χαϊδεύω

yeesaade

χτενίζω

haalde

μιλάω

faamde

καταλαβαίνω

naamnaade

ρωτάω

heɗaade

ακούω

yarde

πίνω

ñaamde

τρώω

hawrinde

συγυρίζω

yiɗde

αγαπάω

defde

μαγειρεύω

dognude

οδηγώ

diwde

πετάω

awƴude

κάνω ιστιοπλοΐα

qimaade

υπολογίζω

jangude

διαβάζω

jangude

μαθαίνω

gollude

δουλεύω

resde

παντρεύομαι

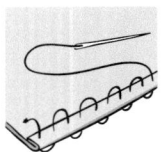

ñootde

ράβω

soccaade ƴiiƴe

βουρτσίζω τα δόντια

warde

σκοτώνω

simmaade

καπνίζω

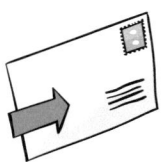

neldude

στέλνω

aaɗo debbo
taaniraaɗo gorko
παππούς
baabiraaɗo
πατέρας
yummiraaɗo
μητέρα
tiggu
μωρό
ɓiɗɗo debbo
κόρη
ɓiɗɗo gorko
γιος

koɗo
καλεσμένος

goggiraaɗo
θεία

kaawiraaɗo
θείος

mowniraaɗo gorko
αδελφός

mowniraaɗo debbo
αδελφή

ɓandu

σώμα

yiitere
μάτι
yeeso
πρόσωπο
waare
πιγούνι
endu
στήθος
δάχτυλο
jungo
χέρι
jungo
βραχίονας
walabo
ώμος
koyngal
πόδι

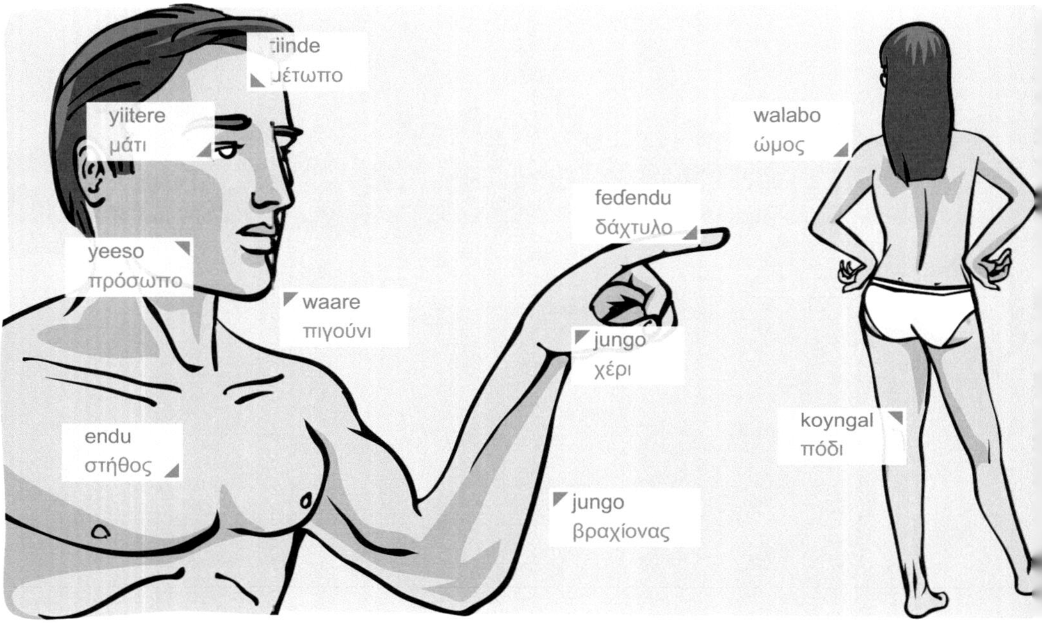

tiggu

μωρό

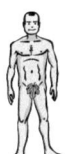

gorko

άνδρας

debbo

γυναίκα

deftere kongoli

κορίτσι

suka gorko

αγόρι

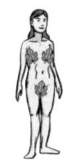

hoore

κεφάλι

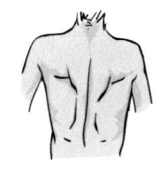

keeci

πλάτη

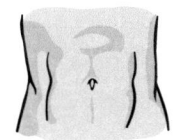

reedu

κοιλιά

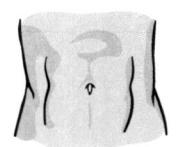

wuddu

αφαλός

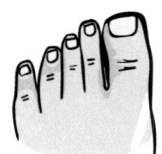

feɗendu koyngal

δάχτυλο ποδιού

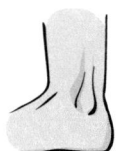

jaɓɓorgal

φτέρνα

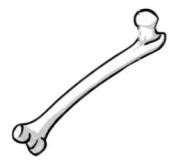

ƴiyal

κόκκαλο

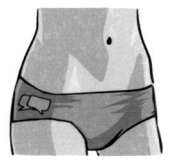

rotere

γοφός

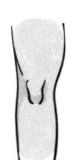

hofru

γόνατο

salndu junngu

αγκώνας

hinere

μύτη

dote

γλουτός

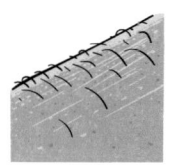

nguru

δέρμα

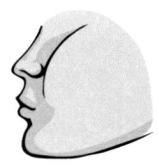

aɓɓulo

μάγουλο

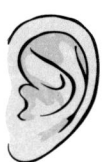

nofru

αυτί

tonndu

χείλος

hunuko

στόμα

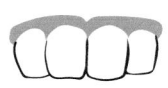

ñiire

δόντι

ɗemngal

γλώσσα

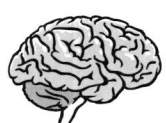

ngaandi

εγκέφαλος

ɓernde

καρδιά

ƴiyal

μυς

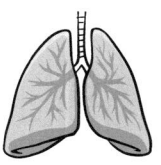

wecco

πνεύμονας

heeñere

συκώτι

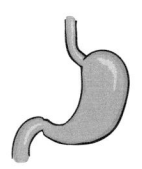

estoma

στομάχι

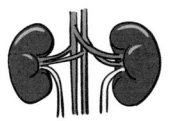

tekteki mawni

νεφρά

terɗe

σεξουαλική επαφή

laafa ndeenka

προφυλακτικό

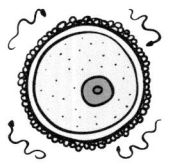

ɓoccoonde maniya

ωάριο

maniya

σπέρμα

reedu

εγκυμοσύνη

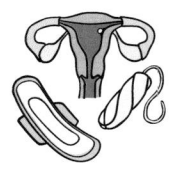

ƴiiƴam ella

περίοδος

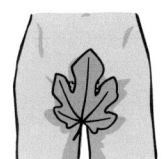

farja

γυναικείος κόλπος

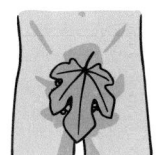

kaake

πέος

leeɓi dow yiitere

φρύδι

sukunndu

μαλλιά

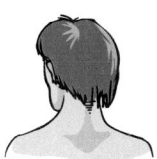

daande

λαιμός

suudu safirdu
νοσοκομείο

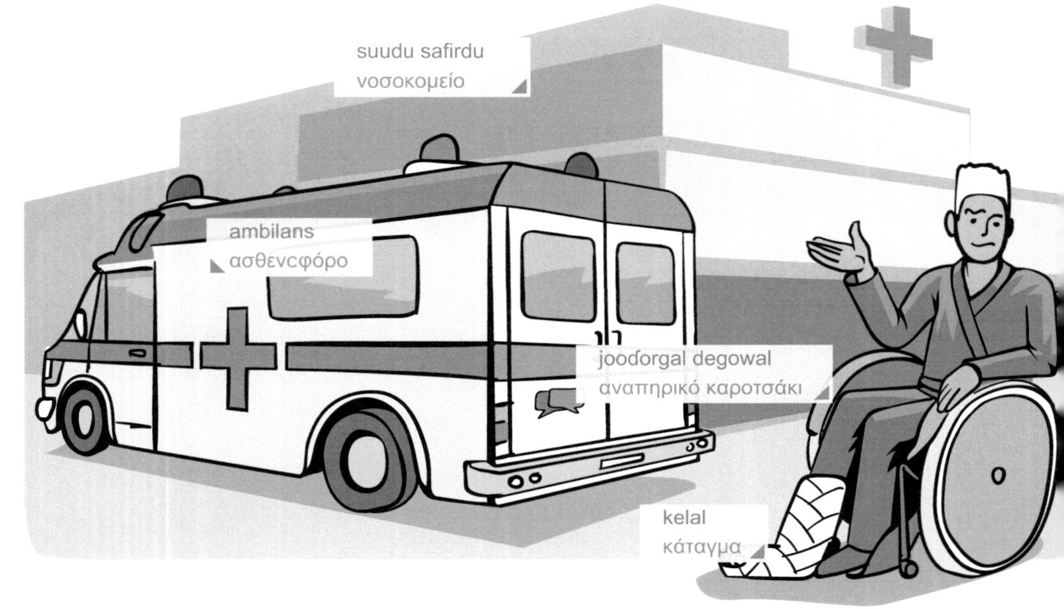

ambilans
ασθενcφόρο
jooɗorgal degowal
αναπηρικό καροτσάκι
kelal
κάταγμα

cafroowo

γιατρός

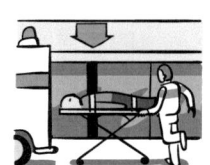

suudo irsaans

μονάδα εντατικής θεραπείας

cafroowo

νοσοκόμα

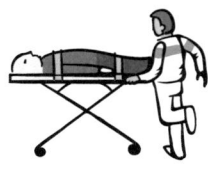

irsaans

έκτακτη ανάγκη

paɗɗiiɗo

λιπόθυμος

muuseeki

πόνος

gaañande

τραύμα

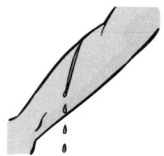

tuƴƴude

αιμορραγία

ɓernde dartiinde

έμφραγμα

darogol ɓernde

εγκεφαλικό

alersi

αλλεργία

ɗojjugol

βήχας

nguleeki ɓandu

πυρετός

maɓɓo

γρίπη

reedu dogooru

διάρροια

muuseeki hoore

πονοκέφαλος

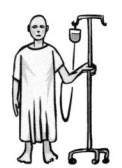

kanser

καρκίνος

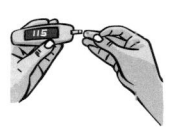

jabet

διαβήτης

operasiyon

χειρουργός

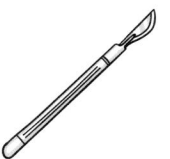

ceekirgel

νυστέρι

operasiyon

εγχείρηση

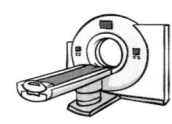

CT

αξονική τομογραφία

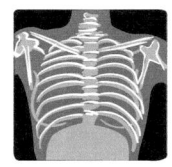

reyon-x

ακτινογραφία

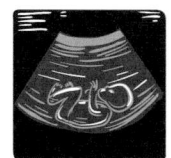

iltarason

υπέρηχος

mask yeeso

μάσκα

ñaw

ασθένεια

suudu sabbordu

αίθουσα αναμονής

sawru tuggorgal

πατερίτσα

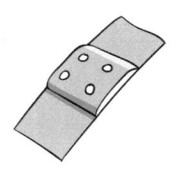

palatar

χάνσαπλαστ

bandaas

επίδεσμος

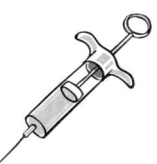

pikkitagol

ένεση

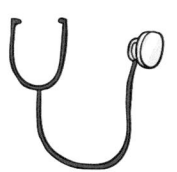

keɗirgel dille ɓandu

στηθοσκόπιο

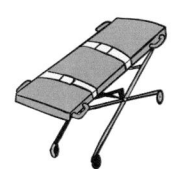

balankaaru

φορείο

ɓetirgel nguleeki ɓanndu

θερμόμετρο

jibinegol

γέννηση

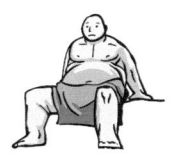

ɓandu ɓurtundu

υπέρβαρο

ɓallotirgel nonooje

ακουστικό βαρηκοΐας

desefektan

αντισηπτικό

infeksiyon

λοίμωξη

viris

ιός

HIV / SIDA

HIV/AIDS

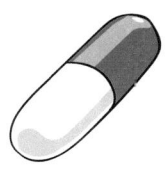

safaara

φάρμακο

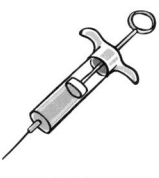

ñakko

εμβολιασμός

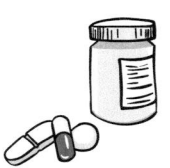

tabletuuji

δισκία

foɗɗere

χάπι

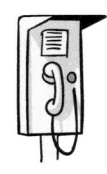

oddaango heñoraango

λήση έκτακτης ανάγκης

ɓetirgel dogdu ƴiiƴam

πιεσόμετρο αίματος

sellaani / sa li

άρρωστος / υγιής

irsaans
έκτακτη ανάγκη

Paaboɗe!
Βοήθεια!

tintinirgel
συναγερμός

jangol
βιαιοπραγία

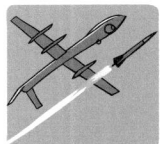

yande e
επίθεση

musiiba
κίνδυνος

damal dandirgal
έξοδος κινδύνου

Paaboɗe!
Φωτιά!

ñifirgel jeynge
πυροσβεστήρας

aksida
ατύχημα

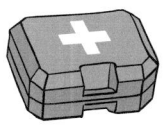

geɗe cafrorɗe gadane
κουτί πρώτων βοηθειών

BALLAL
SOS

Polis
αστυνομία

Erop

Ευρώπη

Amerik to Rewo

Βόρεια Αμερική

Amerik to Worgo

Νότια Αμερική

Afiriki

Αφρική

Asi

Ασία

Ostarali

Αυστραλία

Atalantik

Ατλαντικός Ωκεανός

Pasifik

Ειρηνικός Ωκεανός

Oseyan Enje

Ινδικός Ωκεανός

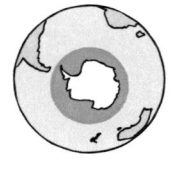

Oseyan Antarktik

Ανταρκτικός Ωκεανός

Osean Arkatik

Αρκτικός Ωκεανός

Bange Rewo

Βόρειος Πόλος

Bange Worgo

Νότιος Πόλος

Antarktik

Ανταρκτική

Leydi

Γη

leydi

γη

maayo mawngo

θάλασσα

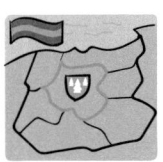

wuro nder ndiyam

νησί

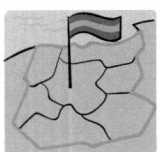

leydi

έθνος

jamaanu

πολιτεία

montoor
ρολόι

yeeso montoor

καντράν ρολογιού

misalel waqtu

ωροδείκτης

misalel hojomaaji

λεπτοδείκτης

misalel majanɗe

δείκτης δευτερολέπτων

Hol waqtu jonɗo?

Τι ώρα είναι;

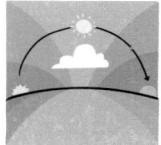

ñalawma

ημέρα

saha

χρόνος

jooni

τώρα

montoor disitaal

ψηφιακό ρολόι

hojom

λεπτό

waqtu

ώρα

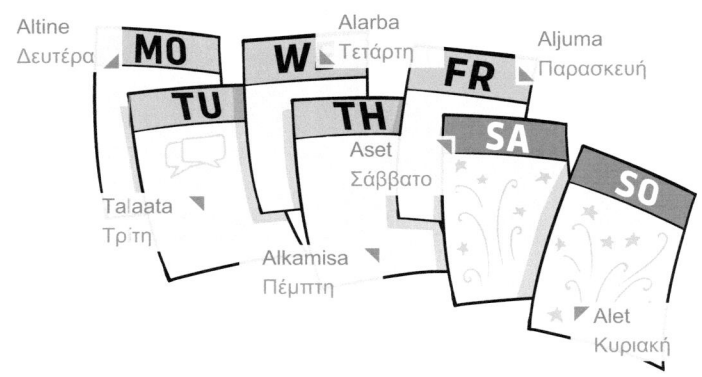

yontere

εβδομάδα

Altine
Δευτέρα
Talaata
Τρίτη
Alarba
Τετάρτη
Alkamisa
Πέμπτη
Aljuma
Παρασκευή
Aset
Σάββατο
SA
Alet
Κυριακή

hanki

χθες

hande

σήμερα

jango

αύριο

subaka

πρωί

beetawe

μεσημέρι

kikiiɗe

βράδυ

ñalawmaaji golle

εργάσιμες ημέρες

ñalamaaji fooftere

Σαββατοκύριακο

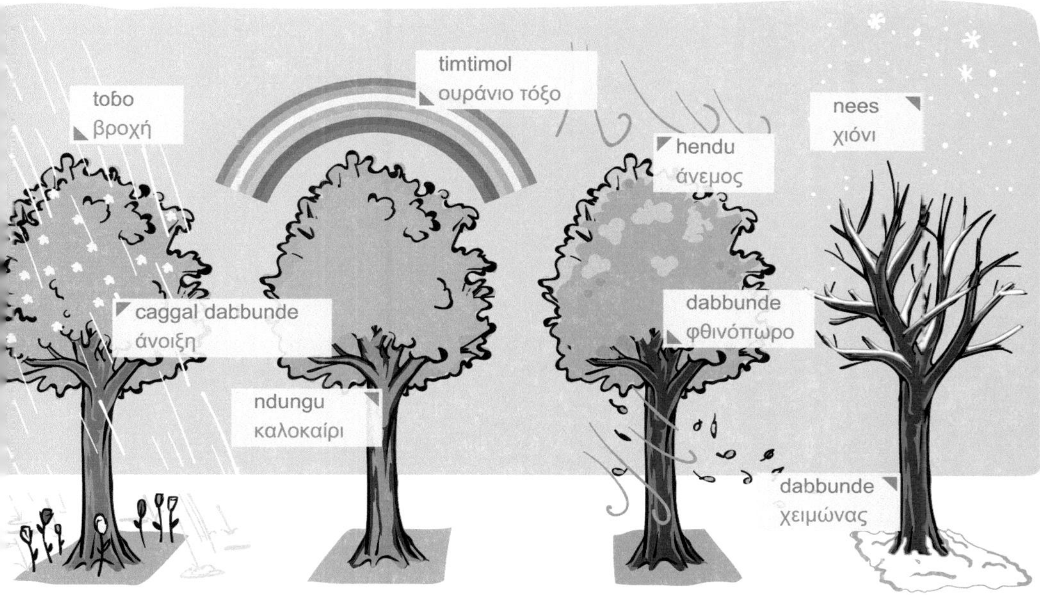

toɓo
βροχή
timtimol
ουράνιο τόξο
hendu
άνεμος
nees
χιόνι
caggal dabbunde
άνοιξη
ndungu
καλοκαίρι
dabbunde
φθινόπωρο
dabbunde
χειμώνας

ƙabrugol geɗe weeyo

πρόγνωση καιρού

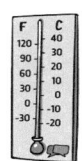

ɓetirgal nguleeki

θερμόμετρο

nguleeki naarge

λιακάδα

duulal

σύννεφο

niɓɓere niwri

ομίχλη

ɓuubol

υγρασία

majaango

αστραπή

gidango

κεραυνός

hendu yaduungo e gidaali

καταιγίδα

toɓo mawngo

χαλάζι

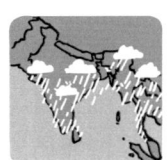

keneeli mawɗi

μουσώνας

toɓo yooloongo

πλημμύρα

galaas

πάγος

Janwiye

Ιανουάριος

Feeviriye

Φεβρουάριος

Mars

Μάρτιος

Awril

Απρίλιος

Me

Μάιος

Suwe

Ιούνιος

Suliye

Ιούλιος

Ut

Αύγουστος

Setanbar

Σεπτέμβριος

Oktobar

Οκτώβριος

Noowambar

Νοέμβριος

Desambar

Δεκέμβριος

Mbaadi

σχήματα

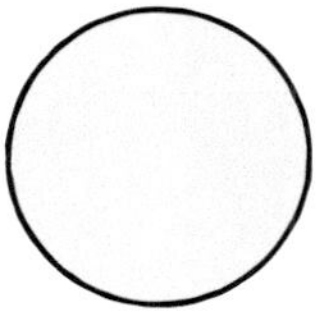

taariɗum

κύκλος

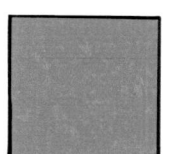

bangeeji potɗi

τετράγωνο

rektangal

ορθογώνιο
παραλληλόγραμμο

tiriyangal

τρίγωνο

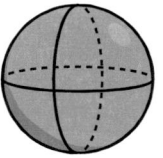

esfeer

σφαίρα

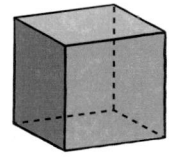

kib

κύβος

kuloraaji
χρώματα

deneejo

άσπρο

puro

κίτρινο

oraas

πορτοκαλί

roos

ροζ

boɗeejo

κόκκινο

yolet

μωβ

bulaajo

μπλε

werte

πράσινο

baka

καφέ

giri

γκρι

ɓaleejo

μαύρο

ceertuɗe
αντίθετα

heewi / famɗi

πολύ / λίγο

mittinɗo / deeyɗo

θυμωμένος / ήρεμος

yooɗi / sooɗi

όμορφος / άσχημος

fuɗɗorde / gasirde

αρχή / τέλος

mawni / famɗi

μεγάλος / μικρός

leeri / ɗiɓɓiɗi

φωτεινός / σκοτεινός

awniraaɗo gorko / debbo

αδελφός / αδελφή

laaɓi / tulmi

καθαρός / λερωμένος

timmi / manki

πλήρης / ατελής

ñalawma / jamma

ημέρα / νύχτα

mayi / wuuri

νεκρός / ζωντανός

yaaji / ɓitti

φαρδύς / στενός

ñaame / ñaametaake

βρώσιμος / μη βρώσιμος

bonɗum / moyƴi

κακός / ευγενικός

weelti / deeyi

ενθουσιασμένος / βαριεστημένος

ɓutto / cewɗo

παχύς / λεπτός

gadiiɗo / cakkitiiɗo

πρώτος / τελευταίος

sehil / gaño

φίλος / εχθρός

heewi / ɓolɗi

γεμάτος / άδειος

tiiɗi / hoyi

σκληρός / μαλακός

teddi / hoyi

βαρύς / ελαφρύς

heege / ɗomka

πείνα / δίψα

sellaani / salli

άρρωστος / υγιής

dagaaki / dagi

παράνομος / νόμιμος

ƴoyi / ƴiƴaani

έξυπνος / χαζός

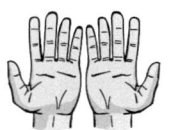

ñaamo / nano

αριστερός / δεξιός

ɓadi / woɗɗi

κοντινός / μακρινός

keso / kiiɗɗo

καινούριος / μεταχειρισμένος

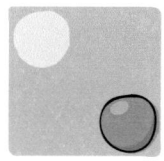

haydara / huunde

τίποτα / κάτι

nayeeji / suka

γέρος | νέος

ne heen / ala heen

αναμμένος / σβηστός

udditi / uddi

ανοιχτός / κλειστός

deeyi / dilla

χαμηλόφωνος / μεγαλόφωνος

galo / baasɗo

πλούσιος / φτωχός

feewi / feewaani

σωστός / λανθασμένος

tekki / ɗaati

τραχύς / λείος

suni / weelti

υπημένος / χαρούμενος

daɓɓo / jutɗo

κοντός / μακρύς

leeli / yaawi

αργός / γρήγορος

leppi / yoori

υγρός / στεγνός

wuli / ɓuuɓi

ζεστός / δροσερός

hare / jam

πόλεμος / ειρήνη

limorɗe
αριθμοί

0	1	2
meere	goo	ɗiɗi
μηδέν	ένα	δύο
3	4	5
tati	nay	joy
τρία	τέσσερα	πέντε
6	7	8
jeegom	seeɗiɗi	jeetati
έξι	εφτά	οκτώ
9	10	11
jeenay	sappo	sappo e goo
εννιά	δέκα	έντεκα

12

sappo e ɗiɗi

δώδεκα

13

sppo e tati

δεκατρία

14

sappo e nay

δεκατέσσερα

15

sappo e joy

δεκαπέντε

16

sappo e jeegom

δεκαέξι

17

sappo e jeeɗiɗi

δεκαεφτά

18

sappo e jeetati

δεκαοκτώ

19

sappo e jeenay

δεκαεννέα

20

noogas

είκοσι

100

teemedere

εκατό

1.000

ujunere

χίλια

1.000.000

miliyonŋ

εκατομμύριο

ɗemɗe
γλώσσες

Angale

Αγγλικά

Angale Amerik

Αμερικάνικα Αγγλικά

Mandare Siin

Μανδαρίνικα Κινέζικα

Indo

Χίντι

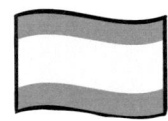

Español

Ισπανικά

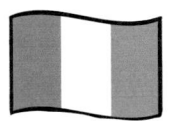

Farayse

Γαλλικά

Arab

Αραβικά

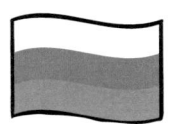

Riis

Ρώσικα

Portige

Πορτογαλικά

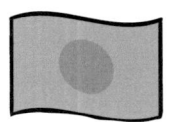

Bengali

Μπενγκάλι

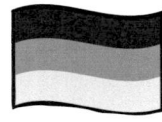

Alma

Γερμανικά

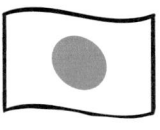

Sappone

Ιαπωνικά

holi oon / hol ɗum / no

ποιος / τι / πως

miin

εγώ

ann

εσύ

kanŋko / kanŋko / kañum

αυτός / αυτή / αυτό

minen

εμείς

onon

εσείς

kamɓe

αυτοί / αυτές / αυτό

holi oon?

ποιος / ποια / ποιο;

hol ɗum?

τι;

hol no?

πώς;

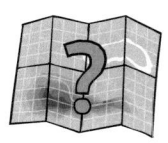

hol toon?

πού;

mande?

πότε;

innde

όνομα

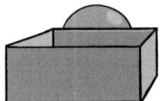

hol toon

που

caggal

πίσω

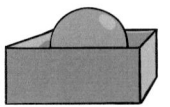

nder

μέσα

yeeso

μπροστά

hedde

πάνω από

dow

πάνω

les

κάτω

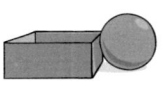

sara

δίπλα

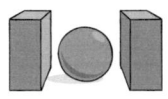

hakkunde

ανάμεσα

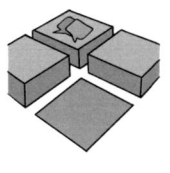

nokku

μέρος